OPINION

DES DÉPARTEMENTS,

ou

L'ÉCHO DE LA FRANCE.

Louis Perrin, imprimeur à Lyon.

OPINION

DES DÉPARTEMENTS,

OU

L'ÉCHO DE LA FRANCE;

RÉDIGÉE

PAR L. ROSSET, DE LYON.

———

Point de république!
Liberté, ordre public.
Vive Philippe!

LYON.

CHEZ AUGUSTE BARON, LIBRAIRE,

RUE CLERMONT, N. 5.

1830.

NOTE DE L'ÉDITEUR.

Je ne prétends pas faire l'apologie ou la censure de cet écrit ni du rédacteur, je dirai seulement qu'il est à ma connaissance et de notoriété publique que sa conduite a été en toute occasion celle d'un bon français, amant dévoué de sa patrie et sans ambition; qu'à l'aurore de la révolution, il a combattu l'anarchie qui brûlait les barrières et les châteaux; qu'en 1794, il fut condamné à mort par contumace, comme chef d'une batterie dans Lyon; qu'il a fait une partie des guerres d'Italie, d'où il est revenu avec le grade de capitaine des sapeurs du génie; qu'il a refusé une place du même grade dans la garde du premier consul, préférant l'indépendance qu'il avait acquise et la direction d'une manufacture de papiers peints, place de la Charité, et des nombreux ouvriers dont il était autant le père que le chef, à tous les honneurs qui demandaient l'abnégation de sa liberté d'opinion.

Il est de notoriété publique qu'en 1816, après avoir subi huit mois de secret, dans un cachot humide, il fut condamné à dix ans de bannissement, non d'après aucune preuve, mais sur la connaissance bien acquise de son opinion toute française et de la haine qu'il portait

aux armées étrangères. Il a subi un long emprisonne-
ment, soit à Lyon, soit au château d'If (plus de vingt-
huit mois). Il est connu dans Lyon pour son désintéressement; car il n'a pas fait une seule démarche pour
obtenir aucune place en compensation de la perte d'une
fortune de plus de trois cent mille francs, qui lui a été
enlevée par des événements désastreux pour la France,
qui ont failli le porter sur l'échafaud, et à la suite des-
quels il est resté boiteux et souffrant des conséquences
d'une chute de quarante-trois pieds. Il n'a demandé ni
fait demander aucune récompense pour sa belle conduite à Lyon en juillet écoulé, au moment où tant de
gens avaient disparu et que seul pour faire retirer les
chasseurs il pénétrait dans l'Hôtel-de-Ville alors au pouvoir de la mairie royaliste ; mais ici comme à Paris, les
cachés ont eu les places.

Opinion

DES DÉPARTEMENTS,

ou

L'ÉCHO DE LA FRANCE.

Qu'a fait le peuple ?........ Tout. Qu'a-t-on fait pour le peuple ?....... Rien. Qu'ont fait les Chambres ?....... Rien. Qu'ont-elles fait pour elles ?...... Tout.

Elles ont singé le Sénat-Conservateur qui avait tout conservé pour lui, et dont Louis XVIII détruisit l'ouvrage en faveur de sa légitimité.

Aujourd'hui les Chambres accusent d'ambition ceux qui prennent la liberté grande de les désapprouver ; elles ont envahi toutes les places, ou les ont conservées aux fauteurs de la restauration; elles n'ont changé que le nom, en laissant au peuple les impôts et les blessures. Que veulent-elles encore? entraver la souveraineté du peuple! *La montagne en travail enfante une souris.*

La seule révolution favorable au peuple, et qui soit une vérité, c'est le drapeau tricolore remplaçant le drapeau blanc.

Nous sommes en révolution, avec la tendance au despotisme oligarchique; il y a effervescence de patriotisme dans le peuple, joint à l'amour de l'ordre; mais si l'on ne rend pas stables ses vrais éléments et ses fins, ils s'affaibliront, disparaîtront et ramèneront l'anarchie : il faut les consolider. Une bonne loi d'élection, basée largement sur la souveraineté du peuple, peut seule arrêter le désordre qui règne dans le Gouvernement et ramener le commerce, qui languit par la résistance et l'inertie du premier ministère doctrinaire. Je l'ai répété à satiété depuis le 10 août : le commerce languira aussi long-temps que nous aurons cette Chambre hétérogène; et malheureusement j'ai eu raison.

Les partis sont en présence, et si encore un jour on suit l'opinion guizoto-doctrinaire, si cette loi d'élection n'est pas basée et fondée sur les assemblées primaires, établies par les constitutions de 91 et 95, avec les modifications que demande l'établissement des deux Chambres au lieu d'une, et un Roi-citoyen, au lieu du Directoire, la tranquillité de la France et la sûreté de notre Roi-citoyen seront compromises. Si l'on veut de bonne foi que la révolution s'arrête, il faut contenter les masses, il faut de bonnes lois, que le peuple observera puisqu'il les aura faites, mais qu'on ne puisse jamais interpréter à volonté. Les lois ne peuvent être respectées qu'autant qu'elles sont destinées uniquement à faire le bonheur des peuples en les rehaussant à leurs propres yeux (1).

L'oligarchie a engendré la résistance, la résistance amènera l'anarchie, l'anarchie ramènera la terreur. Les Électeurs au cens de trois cents,

(1) Pendant un séjour de quatre années aux États-Unis, l'Éditeur a pu apprendre combien les bonnes lois font les bons citoyens. Voulant passer de Philadelphie à New-Yorck, il appela un gagne-denier en lui disant de porter sa malle au paquebot; cet homme lui répond : C'est trop loin, je ne pourrais pas être de retour pour l'assemblée où l'on nomme (*le juge de paix*). La course était de plus de deux heures.

de deux cents, de cent, de cinquante francs
sont oligarchiques ou impraticables. Tout ce qui
se fera sans la voix du peuple en assemblées primaires, sera repoussé par le peuple en insurrec-
tion, et l'on verra reparaître la république. Ce
n'est pas ce gouvernement que le peuple Français veut, mais on l'y poussera par la résistance
à ses droits. Qu'a produit, en 90, la résistance
du clergé? le renversement des trois ordres et
la révolution.

Le peuple Français veut son Roi-citoyen et
des lois populaires ; le peuple Français veut une
monarchie démocratique, fondée sur la souveraineté du peuple et du premier citoyen du
royaume ; assurée par des institutions primaires,
cette monarchie sera inébranlable, inattaquable.
Que pourrait l'Europe entière contre trois millions de Français unis et armés pour la défense
de la liberté et du bonheur?

J'en appelle ici au Vétéran des Deux-Mondes :
que tous les despotes lui donnent quinze cent millions, en supposant qu'il le voulût, parviendrait-
il à lever dans les États-Unis quinze mille citoyens pour attaquer le gouvernement fédéral?
Ce peuple est libre et heureux, on ne parvien-
drait jamais à le corrompre ; que pourrait-on lui

offrir en compensation? la gloire militaire même
ne le tenterait pas ! il est brave , mais n'emploie
son courage que pour défendre ses droits , il les
connaît, il les apprécie.

*Les Français ne sont pas susceptibles de
cette liberté ;* injure plate et grossière qui re-
tombe sur celui qui la profère : il ne connaît .
pas sa propre dignité , ou plutôt il n'en a pas ;
il est vil et méprisable comme ses paroles. On a
fait des lois pour punir ceux qui insultent les
Chambres , il n'y en a pas pour punir celui qui
insulte le peuple Français !

. Pour arriver, il faut partir : essayons de la
monarchie populaire , et si, dans quinze ans ;
elle ne nous convient pas mieux que l'empire et
la restauration , nous rétablirons l'un ou l'autre,
quant au replâtrage , nous n'en voulons pas.
Oui , le peuple a le droit de dire je veux , c'est
lui qui paie les impôts, c'est lui qui fait la force
des armées , et il ne pourrait pas dire je veux!
plaisante souveraineté du peuple ! Si l'on veut
éluder ce principe ; si l'on veut tourner la question en replâtrant la restauration , si une Chambre , inapte à sentir les bienfaits de 1830 , veut
se perpétuer ; je dis inapte , puisqu'elle est le
résultat et l'amalgame du double vote , du re-

crutage fait par une escobarderie d'âge et non du cens, qu'elle doit son origine à un homme qui s'est dit roi de France par sa naissance et la grace de Dieu, qui a été imposée aux Français par huit cent mille baïonnettes étrangères ! Elle veut se perpétuer, mais le Peuple souverain veut que cette Chambre étrangère, dont tant de membres ont émigré ou sont allés à Gand ou à Saint-Acheul, se retire. Je le demande, quelle antipathie n'a pas montré la Chambre contre la souveraineté du peuple ? elle a passé quatre mois, non à chercher à la consolider, mais à s'emparer des places lucratives. Il faut au peuple Français du mouvement, et non une halte dans la bourbe; il faut consulter le Peuple souverain ; chacun sait quelle affection on obtient du peuple Français lorsqu'on n'use envers lui ni de hauteur, ni de mensonge, ni d'arrière-pensées : les souvenirs de Henri IV prouvent cette assertion.

Il est incroyable que cette Chambre, répudiant le sublime exemple de désintéressement de notre Constituante, de glorieuse mémoire, qui refusa toutes places et toutes réélections, veuille se perpétuer en luttant contre l'opinion, contre elle-même, en niant par sa conduite la souveraineté du peuple.

Si la Chambre veut éluder le principe qu'elle-même a proclamé, l'élection du Roi-citoyen serait nulle ! Qui lui avait confié le droit de la faire ? Mais le peuple Français veut ce Roi-citoyen, il l'eût choisi, non parce qu'il était *le plus près du trône renversé*, mais bien le plus éloigné par ses principes, développés dans l'éducation donnée à sa famille ; il l'eût choisi, et aujourd'hui le choisirait encore avec plus d'empressement ; car s'il l'a connu et aimé simple citoyen, il le vénère comme Roi-citoyen. Toute atteinte portée à l'existence de notre nouvelle dynastie serait une calamité pour la France ; le peuple Français proclame que c'est le seul acte de bon sens que la Chambre ait fait, tous ses autres actes sont du gouvernement oligarchique, et ce gouvernement est celui des riches, des parvenus et des intrigants ; aussi se sont-ils tous rués sur les places, sans vouloir permettre de diminuer les salaires : le peuple a eu les balles de plomb, eux ont pris les balles d'or et d'argent, sans blessures, sans autre remède qu'un bain, sans amputation, sans jambes de bois.

Aujourd'hui, il faut que la Nation se gouverne elle-même, tout ira mieux, et bientôt tout sera en place ; tandis que si les libéraux argentés et

dorés se maintiennent encore un peu, le gouvernement ne serait que transitoire, comme tout
ce qui a été fait par la puissance des baïonnettes.
Mieux que tous les grands faiseurs de phrases,
le peuple voit bien, il veut du travail, il veut le
bien-être ; c'est pour cela qu'il faut le placer par
son vote à la tête de ses affaires : ce sera un
palladium certain de la stabilité du trône français.

La France n'est plus corvéable et taillable à
volonté ; ce rôle lui fut imposé par les huit cent
mille baïonnettes des despotes qui trompaient
leurs peuples, et se les partageaient comme on
partage un troupeau ; ce n'est plus à un tel
rôle que le peuple Français est appelé, mais
à celui d'énoncer sa volonté puissante, et cette
volonté doit être exécutée sans restriction. On
doit obéir au maître qui paie : le Peuple paie de
son argent et de sa personne ; il veut être obéi,
et il le sera, ou sinon la résistance fera naître
avant peu un autre mois de juillet ; alors le
Peuple abolirait la Charte plâtrée comme il a
renversé celle des huit cent mille baïonnettes.
Cette Charte badigeonnée par la Chambre in-
valide ne sera et ne peut être acceptée même
provisoirement ; l'élection du Roi exceptée , tout

est à refaire; cet acte seul est et sera définitif, car le cri de la nation sera toujours *vive Philippe! point de république!* Mais pour établir à jamais cet élément du bonheur des Français, il faut une assemblée nationale, produite par la souveraineté du peuple, divisée en deux Chambres, renouvelée par tiers chaque année. La Chambre haute serait à vie, mais tout député qui, ayant été élu quatre fois, sans avoir accepté aucun emploi salarié, le serait une cinquième fois, deviendrait pair héréditaire avec quarante mille francs de dotation pour lui et ses descendants, avec le cordon de la Légion-d'Honneur, cette noblesse, acquise par la voix du peuple, serait un jour la seule noblesse française. Les députés ne pourraient délibérer que lorsque les trois quarts plus un assisteraient à la séance : il est ridicule de voir une réunion de deux cent cinquante-sept personnes disposer du sort de trente-deux millions d'habitants; à peine si à Genève on reconnaîtrait une telle assemblée. Les présidents n'auraient que quarante mille francs de traitement, ajoutés à ceux qui étaient attachés à la pairie, à la députation; aucun député ne pourrait recevoir plus de quatre mille francs par an; les ministres cinquante mille francs, car il est inutile que les présidents et les ministres soient les restaurateurs des députés, comme cela s'est pratiqué pour les trois cents députés aux truffes.

Pour éviter à l'avenir ces dénominations désastreuses de montagne, de plaine, de marais, de côté droit, gauche, centre droit, centre gauche, ventrus, etc., le réglement de la Chambre portera que chaque député sera placé par la lettre alphabétique de son département, dont le nom sera sur la corniche, et le nom du député par rang de nomination sur le siége qu'il doit occuper. Les députés de l'Ain seront ensemble comme ceux du Var; alors plus de cotterie, plus de mot d'ordre, et l'on ne verra plus se renouveler le scandaleux spectacle offert par un côté de l'assemblée, et se lever pour et contre au signal d'un homme à catégories. Il faut fixer les droits des Chambres envers la justice. Pourrait-on, d'après le citoyen Lameth, assigner un député comme témoin dans le procès des ministres? Non, car la Chambre s'est rendue accusatrice.

Les Chambres, après une mûre délibération, et non en deux séances, présenteront au Roi, non une charte interprétable à volonté, mais une constitution basée sur les besoins de l'époque, et dont les articles légèrement ambigus seraient

vorable au peuple ; cela ôtera aux ministres à
venir la faculté de les interpréter à leur manière
et suivant le bon plaisir.

L'Élu du peuple et de son cœur acceptera cette
constitution et la rendra une vérité stable. Pour
cela, il est facile de voir qu'il faut se reporter
au 30 juillet 1830 pour reprendre en dessous
le grand œuvre du peuple Français ; et ce peuple,
si sage après la victoire, verra réaliser sa devise,
liberté, *ordre public*. C'est l'exercice de la liberté qui en rend digne les peuples en perfec-
tionnant l'éducation politique. Comparez 89 avec
1830, et cependant que d'entraves n'a-t-on pas
mises à l'instruction du peuple ; dans dix ans il
sera au niveau des citoyens des États-Unis.

Sans assemblées primaires, point de souveraineté du peuple ; ce n'est et ne peut être que
dans les assemblées primaires que le peuple
exerce la souveraineté en désignant les électeurs.
Sans souveraineté du peuple, point de lois d'é-
lection bien populaires ; sans lois bien populaires,
point d'égalité et de liberté ; sans égalité, sans
liberté, point de garde nationale possible ; sans
garde nationale, point d'ordre public stable, et
notre devise ne serait plus une vérité. Voyez ce
qui est arrivé à cette charte bâtie à dessein pour

être détruite pièce à pièce, elle a été renversée en trois jours par le peuple; et pourquoi? c'est que le peuple était en dehors : lorsqu'il a voulu, il a su reprendre ses droits, et si vous les limitez il les reprendra encore : le peuple tend sans cesse à briser ses fers, comme le pouvoir à les river; il faut les enchaîner l'un à l'autre par des lois populaires que personne ne puisse enfreindre en vain.

Ne croyez pas fasciner les yeux du peuple Français avec de belles paroles à la Martignac, à la Guizot de Gand, à la Dupin vainqueur, avec des promesses vagues, avec de grands éloges couverts de chaînes. Nous avons pu supporter les chaînes dorées du despotisme : elles étaient recouvertes de lauriers et des palmes de la gloire qui avaient mis l'Europe à nos pieds; mais celles que vous voulez nous imposer seraient honteuses, et nous les briserions plus facilement que l'Europe n'a pu briser celles du grand homme qui combattit seul, parce qu'il avait mis deux fois la nation en dehors.

Le peuple Français veut du positif, il veut le repos qu'il a conquis, il veut le conserver. Vous, ministres, si vous voulez l'ordre public, contentez les masses; elles ont su prouver qu'elles seules forment la force des empires, lorsqu'elles combattent pour la liberté légale. On a dit que *le peuple avait donné sa démission*, phrase d'esprit sans bon sens : juillet l'a prouvé, et bientôt un second juillet le prouvera encore mieux ; mais on a dit, il y a long-temps : *Les droits des peuples ne se prescrivent jamais.* Celui-là était un homme de génie.

DE LA GARDE NATIONALE.

Apuyer les lois d'après les volontés du peuple, c'est le devoir de la Garde Nationale ; mais il faut que les lois lui confèrent le droit de les défendre. Aujourd'hui la Garde Nationale n'a de droit que la force ou la loi de 1791 ; mais avec cette loi il faut les assemblées primaires, et comment oserait-elle employer ce droit contre le peuple, contre elle-même, puisqu'elle en fait partie ? Vous comptez sur la Garde Nationale, vous tous qui avez suivi le Roi à Gand *par amour pour le peuple français*, et qui l'avez, *par amour pour les places*, ramené derrière les hordes étrangères ; vous comptez sur la Garde Nationale, mais voudra-t-elle s'enchaîner elle-même pour défendre des doctrinaires qui lui sont suspects, et des lois qui lui sont contraires ?

Quel est le Garde National qui, sachant lire et écrire, et payant un impôt direct de trois journées de travail, ne se croie pas, et ne soit pas digne de concourir pour sa petite portion à la formation des lois qui doivent le régir ? S'il n'est pas digne de porter son vote à l'assemblée primaire, qu'il sorte des rangs ! il n'est pas digne de défendre les lois; il ne saurait pas les comprendre, il est né pour être esclave, ou l'agent des intrigants : voilà une de ces vérités que ne détruiront pas les belles phrases à la Guizot, à la Dupin, pas même celles du citoyen Lameth qui sait si bien se contredire.

La Constitution de 91, titre II, article 3, a dit : *les Gardes Nationales ne forment ni un corps militaire ni une institution dans l'état : ce sont les citoyens eux-mêmes appelés au service de la force publique.*

De cet article naît le raisonnement que ne repousseront pas les hommes qui ont le sens commun, et que combattront en vain par de grands mots, le citoyen Lameth, jacobin dénonciateur de Lafayette, Mirabeau et autres, Monsieur Guizot de Gand qui connaît peut-être l'histoire de France, mais non celle de la liberté française, ni maître Dupin le *grand vainqueur* de la grande semaine, qui *combattait* dans l'eau pendant que nos braves se *cachaient* sous le feu de l'ennemi ; il peut savoir interpréter les lois, mais mal les discuter dans la chambre étrangère; ses études à Saint-Acheul lui ont peu profité. Je reviens à la question. *Demande :* Qu'est-ce qu'un citoyen français ? *Réponse :* Un Français qui exerce ses droits politiques en France. —J'en conclus, que tout individu qui n'exerce aucun droit politique en France n'est pas citoyen français, que tout Français qui n'est pas citoyen ne peut être contraint par la loi à faire le service de la Garde Nationale. Imposerez-vous à celui qui s'y refusera une punition corporelle, alors vous en faites un soldat ; une punition pécuniaire, il ne possède rien. Mais privez-le de son droit politique : comme cette dignité l'élève à ses yeux, qu'il en est fier, il fera son service avec zèle et maintiendra la devise : liberté, ordre public. Oui, le Peuple sera fier de ses titres de citoyen, de garde national.

Aujourd'hui, qui exerce les droits politiques en France ? Les imposés à trois cents francs forment quatre-vingt mille électeurs, à eux seuls appartient le droit de faire le service de la Garde Nationale, eux seuls peuvent y être contraints

par la perte de leurs droits politiques ; voilà qui
est juste et raisonnable ; mais à des ouvriers
qui ont de la peine à *substanter* leurs familles par
le produit de leurs journées, vouloir leur imposer le fardeau de ce service sans compensation
honorable , c'est le comble de l'absurdité aristocratique et tyrannique, c'est une raillerie amère
digne des Villèle , Martignac , Polignac , Guizot, etc.

Le ministère actuel, éclairé par l'expérience
de notre Vétéran, par le sens exquis de notre Roi-
citoyen , ne compromettra pas le bel avenir de la
France pour complaire au guizotisme, en conti-
nuant le système de replâtrage qui sent le voyage
à Gand , où ces messieurs ont gagné leurs épe-
rons sans monter à cheval, et rapporté tant de
faveur et d'argent, qu'ils ont pu se faire éligibles ; combien de doctrinaires ne l'étaient pas ,
alors que de bons Français qui auraient dû être
appelés à la défense de nos droits , étaient éloi-
gnés , persécutés , bannis par la volonté de ceux
qui veulent encore, après la grande semaine, rê-
ver la charte replâtrée , et nous enchaîner au
char de la poltronerie et de la trahison !

Le paysan possesseur d'une petite propriété
avec laquelle il élève ses enfants , l'ouvrier qui

gagne la subsistance de sa famille avec ses talents, *le boutiquier*, *l'épicier*, ainsi que disent les libéraux argentés, possédant un fond de dix, quinze ou vingt mille francs, ont autant de droits à coopérer à faire des lois protectrices de leur avoir, que ce fastueux banquier qui s'est chargé au nom du guizotisme d'essayer de tromper la France, en proclamant emphatiquement que la Chambre avait abaissé l'âge des électeurs; on a abaissé l'âge, belle et grande concession! Nous ne sommes plus à accepter des concessions, mais à user de tous nos droits; le charlatan politique, le champion du guizotisme savait bien (et la France n'a pas été dupe) que cela ne produirait pas trois mille électeurs de plus; mais c'est une concession que la Chambre a daigné nous faire ! non c'était un leurre jeté au peuple, comme déja les guizotins en ont jeté tant d'autres : celui de la pétition des blessés mandiée par un de ces hauts et puissants seigneurs dorés par la révolution, qui voudrait faire de l'humanité aux dépens de la justice ; les accusés sont ses égaux en richesse, il les protége et il a refusé de l'occupation à des Français bannis par la restauration ! A cette occasion la Chambre, qui s'est réservé l'initiative, a voulu dépopulariser le

Roi, en cherchant à jeter sur la couronne tout le blâme de cette démarche plus qu'intempestive.

De quel droit a-t-on maintenu le cens de trois cents francs ? on voudrait persuader au peuple Français que les talents, les connaissances résident dans l'argent. On demande où s'arrête la matière ? où commence l'intelligence politique? *R.* Le Français qui paie deux cent quatre-vingt-dix-neuf francs quatre-vingt-dix-neuf centimes est une matière imposable; celui qui paie trois cents francs ou au dessus est un être intelligent; un centime sépare la matière de l'intelligence. Français, voilà comment vous toisent ceux qui se sont proclamés les vainqueurs !

Il faut faire connaître à ce peuple si sage après la victoire, combien souvent est impure la source des richesses , combien l'honnête médiocrité est plus honorable que l'opulence , plus pure dans sa source que ces fortunes nouvelles des imposés à trois cents francs et à mille francs : pour cela je ferai trois catégories. La première , fortunes faites dans les réquisitions et exactions militaires, fournitures de mauvaise qualité faites aux soldats , pillage dans les emplois militaires et administrations aux armées, correspondance avec les ennemis de la France ; la deuxième, dans les remboursements d'assignats , gestions frauduleuses dans les administrations , dépouillement d'orphelins , prêts usuraires , achats de rentes à vil prix, achats de successions , vente de radiations d'émigrés, d'exemption de service, sangsues publiques , émigrés rentrés gorgés de places lucratives, enrichis par le milliard enlevé aux défenseurs de la patrie , piquage (1) des soies à Lyon, envoi de soies teintes à l'étranger, introduction de faux assignats en France : voilà la source impure des deux tiers (et peut-être plus) des sommités des fortunes en France. Ces deux parties veulent le gouvernement oligarchique, c'est celui de l'intrigue et des parvenus. Tant de riches à *mille francs* qui ne sont que des fripons qui ont eu le bonheur de ne pas être pris en flagrant délit ! La troisième (et ce tiers n'est peut-être pas bien compact), fortunes patrimoniales anciennes, ou acquises loyalement : cette partie est populaire. Français, voilà le tableau trop vrai des électeurs et des éligibles. Et qu'on ne le nie pas, que chacun se tâte, car

(1) On appelle *piqueurs de soie* ceux qui achettent de l'ouvrier les soies qu'il enlève en humectant les pièces.

je puis nommer un si grand nombre de masques, que cette vérité deviendra encore plus évidemment véritable.

Ce sont donc ces deux tiers qui veulent être les seuls puissants, et nous traiter en esclaves, en rebut de la nation ; eh bien ! que ces seigneurs consentent à payer seuls le milliard imposé, qu'ils fassent à eux seuls le service de la garde nationale, nous ne leur contesterons plus le droit de faire des lois.

Mais comme il est prouvé que quatre-vingt mille électeurs à trois cents francs ne paient que vingt-quatre millions (ce qui n'est pas un vingtième de l'impôt), ils voudront bien comprendre que la masse qui paie le surplus, soit directement, soit indirectement, soit appelée par ses élus à diriger l'emploi des deniers produits à la sueur de son front. Pourquoi les guizotins ne veulent-ils pas cette loi d'élection ? c'est qu'ils savent bien qu'ils ne seront pas nommés parmi les élus du peuple. Pour couvrir leur tactique, ils insultent au bon sens de la nation, et crient à l'anarchie, à la terreur ! la terreur est née de la résistance, ils l'invoquent pour couvrir leur ambition de dominer, et le mépris qu'ils ont pour le Français *matière imposable* qui ne paie que deux cent quatre-vingt-dix-neuf francs quatre-vingt-dix-neuf centimes : et que sont donc ces gens à trois cents francs ? plus de trois mille d'entre eux ne savent ni lire ni écrire ! c'est cependant parmi eux qu'on prétend que se trouve la connaissance infuse des hommes à gouvernement, jugez de leur connaissance par les choix.

La Chambre à failli au principe reconnu de la souveraineté du peuple : elle devait non seulement abaisser l'âge, mais encore le cens; mieux, il fallait changer le mode en entier pour que le principe fût une vérité ; elle pourrait, si elle l'eût fait, se dire le sauveur de la France ; après avoir adopté la base des élections de 91 et 95 avec la condition de rigueur de savoir lire et écrire, elle se fût séparée pour en appeler au peuple, alors tous auraient été réélus ; aujourd'hui pas un doctrinaire ne le serait, ils portent tous la devise de Gand, ils ont prouvé qu'ils n'avaient rien oublié, ni rien appris.

La révolution faite par le Peuple doit être toute entière à l'avantage du Peuple ; mais pour tromper les départements, *les habiles* appellent la grande semaine, *révolution de Paris*. Sans enlever aux braves de Paris la part de gloire qui leur est due, celui qui sait raisonner dira que cette victoire a été partagée par tous les braves des départements.

Dupin le grand vainqueur est-il de Paris ? l'éloquent Jars est-il de Paris ? Mais parlant sérieusement , l'École Polytechnique n'est - elle composée que de Parisiens? l'École de Médecine, celle de Droit, les colléges ne sont-ils pas peuplés de Français? les ouvriers imprimeurs , tous les ouvriers de différents états sont-ils nés à Paris? La révolution est Française : elle a été répétée en écho dans toute la France ivre de bonheur dans cet instant de l'illusion de la liberté conquise par les frères à Paris. La Chambre seule , les guizotins et ceux qu'ils ont placés ont crié de suite *à la terreur* , *aux clubs* , en France ces mots ont de l'écho , les guizotins , les carlistes , les carlins ; qualifient de terroriste tout homme qui propose des lois populaires ; on jette en avant *le partage des fortunes*. (On cite la demande de la *loi agraire* par le peuple Romain contre les sénateurs qui envahissaient le pouvoir , comme le guizotisme voudrait le faire : le peuple Romain était dans son droit , la loi disait que *les terres conquises sur l'ennemi seraient partagées ;* le sénat les retenait sous prétexte de dépense publique , et rendait le peuple esclave.)

Le peuple Français ne veut point *le partage des terres*, mais la paix et du travail : ce peuple est attentif, il est sur ses gardes, l'attitude que prendra le gouvernement va décider de son sort, du sort de ce peuple, qui seul et sans chef a su faire la révolution, renverser le despotisme, et qui saura bien, avec son Roi-citoyen pour chef, renverser le despotisme oligarchique, gouvernement des intrigants et des parvenus à la fortune ; et il le fera, parce qu'il sait que ce despotisme ramènerait l'anarchie, la terreur, qui reproduiraient le despotisme militaire ; et par lui le retour de cette légitimité que Guizot, Dupin et compagnie, veulent nous rendre. Mais le Peuple veut éviter ce cercle vicieux en gardant la monarchie populaire, et son roi Philippe qui, comme son homonyme Philippe-Auguste, saura monter à cheval et vaincre à *Bouvines* à la tête de son peuple heureux de l'avoir pour chef; les intrigants, libéraux argentés, ne prévaudront pas, et malheur à eux s'ils parvenaient à dominer un seul jour ! le Peuple souverain se lèverait encore, mais ne pourrait pas s'arrêter comme en juillet, En ce moment le peuple est calme, car il sent sa force et sa dignité ; ces hommes du lendemain ont mérité son mépris, et les combattants de cave seront rendus à leur nullité politique, dont ils ne devaient jamais sortir. Peu de paroles et du bon sens sont bien préférables à ce flux de phrases sonores qui ne disent rien au jugement, et contredisent le lendemain ce qu'ils ont dit la veille (suivez les séances), en répudiant la vérité unique, la souveraineté du peuple qu'ils ont été forcés de proclamer, et qu'ils voudraient traiter en ennemie. Mais cette vérité est un droit de naissance et non octroyé ; le peuple a la volonté de la conserver, et il la conservera, car cette volonté est celle du Souverain.

Qu'on laisse faire aux *habiles* des théories nouvelles, de beaux discours à phrases sonores et bonnes dans une séance académique, que les ministres soient populaires, mais point doctrinaires; qu'ils soient *monarchiens*, et point académiciens ; qu'ils demandent et reçoivent par les votes populaires des hommes de bon sens et de jugement, sans cet esprit de *parlage* qui gâte tout, des hommes qui sachent qu'on ne dit pas la vérité de deux manières et avec des mots différents, qui ne trahissent pas aujourd'hui la nation pour la légitimité (1), et la légitimité pour

(1) Louis XVIII, en parlant des émigrés rentrés, et

le guizotisme argenté, en se proclamant les seuls vainqueurs.

Le Peuple a un tact sûr et exquis pour désigner les hommes qui lui conviennent. Les constituants furent nommés par le Peuple; où vit-on jamais plus de connaissance , plus de talent , plus de génie (1), et sans les sottes résistances du clergé qui refusa l'impôt du timbre , jamais plus belle révolution ; mais les résistances ont amené la république.

La souveraineté du peuple est un principe évident, ou une erreur ; si c'est une erreur il n'y a que la légitimité ou l'usurpation qui puisse la remplacer. C'est donc par le sabre ou le droit divin que les peuples doivent être gouvernés ? alors reviendront les huit cent mille baïonnettes , et les Guizotins triompheront encore , ou un usurpateur habile se disant patriote nous imposera une verge de fer. Non , il faut écraser l'a-

qui s'étaient mis aux pieds de Napoléon , disait : « Ces « gens-là mériteraient d'être fouettés nus aux quatre « coins de la France; ils se sont vautrés dans la poussière et se sont relevés les mains couvertes d'*ordures*.» La *dame de qualité* ajoute que le terme était encore plus vil. Que dirait-il des guizotins de Gand ?

(1) Dupin se croit bien supérieur à Mirabeau, *le grand homme* ne lui va pas au genou.

narchie des 221 , rétablir les droits du peuple, et notre Roi Philippe aura un règne heureux et prospère,

On va me demander où j'ai pris ma mission? dans la bouche du peuple , dont plus de vingt voyageurs ont été les échos ; dans les sifflets qui ont écrasé l'installation des juges si malencontreusement conservés par le vainqueur Dupin : car si, comme le disent les habiles guizotins, les départements n'avaient pas approuvé la révolution de juillet, auraient-ils manifesté une si haute improbation de cette amnistie en faveur des juges nommés par les huit cent mille baïonnettes, c'est la seule circonstance qui se soit présentée dans les départements pour manifester l'opinion. Qu'on appelle le Peuple aux assemblées primaires , et l'on connaîtra sa pensée.

Jusqu'à présent on a beaucoup blâmé , mais on n'a rien demandé de positif. Je récapitule :

On sait en France que *la grande semaine* à renversé tout ce qui a été fait contre la souveraineté du peuple depuis *le 18 brumaire;* on sait que les temps et les circonstances demandent quelques légères modifications aux constitutions de 91 et 95, qu'il faut fondre ensemble ; mais on veut en France que le ministère fasse reconnaître les droits du peuple par la convocation des assemblées primaires; la souveraineté du peuple n'existe que dans les assemblées primaires, tout autre mode sera un mensonge évident: on veut en France une constitution basée sur celles de 91 et 95, on veut Louis Philippe Ier Roi des Français; on veut en France une grande fermeté avec l'étranger, et qu'on ne mendie pas aux dépens des proscrits une reconnaissance honteuse de la part d'un gouvernement injuste et cruel. Qu'est-ce qu'une reconnaissance? rien, le temps de se concerter avec nos ennemis; on nous a reconnus hier, demain on nous fera la guerre. Les ambassadeurs des cortès ont été reconnus, et cependant la France s'est chargée de renverser et à renversé ce gouvernement pour rétablir Ferdinand, qui a refusé de nous rembourser les frais de la guerre. Cette vaine et inutile formalité vaut-elle les éloges que le guizotisme s'est prodigués pour l'avoir obtenue à genoux, après l'avoir mendiée en suppliant? Ce n'est pas le rôle du peuple Français; ces êtres n'ont point de dignité, ils ont toisé les Français à leur aune, et ont compromis la paix en France. On veut en France la Garde Nationale organisée par les lois de la constituante.

Mais la Chambre refusera cette loi populaire, et faudra-t-il encore quinze ans de résistance pour arriver au seul but de la révolution de juillet, à la souveraineté du peuple? Non, le moment du jugement des ministres approche, c'est à ce moment que va de nouveau se manifester l'opinion du peuple, si avant cette époque elle n'est pas satisfaite. Mais il est un moyen certain d'éviter ce grand scandale, ce grand malheur; tout ce qui s'est fait par les baïonnettes depuis le 18 brumaire étant nul et non avenu. Ministres, convoquez les assemblées primaires pour le 10 décembre pour choisir les électeurs, qu'elles soient ouvertes pendant six jours; ensuite, pour éviter les cabales parmi les électeurs qui doivent élire les députés, il faut que dans les cantons agglomérés, les scrutins soient dépouillés de neuf heures du matin à cinq heures du soir, que les noms des électeurs soient connus le lendemain à dix heures, et qu'à sept heures du soir le scrutin électoral soit irrévocablement clos. Dans les cantons non agglomérés, la brigue étant moins facile, on accordera douze, vingt-quatre ou trente heures, suivant les distances.

En convoquant les assemblées primaires pour

le 10 décembre, on annoncera qu'elles se réuniront de nouveau le 1er avril 1831, à l'effet de nommer le haut juri national qui devra prononcer sur le sort des ministres actuellement en prévention.

Par cet acte, dont la justice est évidente, vous éviterez le conflit scandaleux qui se prépare, celui de la récusation de la Chambre des Pairs si bien motivée, par sa dislocation, sa décomposition, et même par sa création non reconnue par le Peuple souverain avec laquelle elle est en opposition : il n'y a qu'une voix là-dessus et sur le danger de passer outre.

Si les ministres sont absous, le peuple sera irrité et s'en prendra aux Chambres ; s'ils sont condamnés, l'Europe aura le droit de penser et de dire que leur condamnation a été influencée. En les renvoyant devant la haute cour nationale qui sera au dessus de toute influence, hors de toute récusation, personne ne pourra élever la voix ; le procès s'instruirait dès le 10 avril.

Ce renvoi aura l'avantage de rassurer toutes les opinions, de laisser au commerce le temps de se relever, et de profiter des ventes qui s'opèrent toujours en plus grand nombre pendant le dernier et le premier mois de chaque année.

Cette demande de renvoi ne peut être sus-
pecte de ma part ; car l'accusé Chantelauze s'est
montré mon ennemi personnel en portant la
parole contre moi avec bien plus d'acharnement
que contre mes coaccusés ; cependant mon père
ni moi n'avons rien de *sansculotide* à nous re-
procher : je lui pardonne d'avoir sali le nom de
mon père en le prononçant ; c'est un accusateur
public *phrasier*, sans ame, sans logique, qui
n'était que vil en se rendant l'écho de la haine
des Godinot et autres; car il ne me connaissait pas
et m'était inconnu, comme il l'était à toute la
ville ; son accusation a été le premier échelon
qui l'a conduit au crime.

Mais si définitivement la Chambre se raidissait
et refusait d'accueillir la loi populaire que, pour
la forme, lui présenterait le ministère, que res-
terait-il à faire? Comme nous l'avons dit, tout
est illégal depuis le 18 brumaire. Que le Roi des
Français monte à cheval, parcoure les départements, assemble les gardes nationaux, qu'après
la revue il leur fasse déposer les armes, demande
à chaque rang de gardes nationaux : Voulez-
vous, vous qui ne payez que deux cent quatre-
vingt-dix-neuf francs quatre-vingt-dix-neuf centimes, n'être que de la matière imposable, sans

droits politiques? voulez-vous reconnaître que ceux qui paient trois cents francs ont seuls de l'intelligence et du bon sens? acceptez la charte des doctrinaires et marchez en arrière. Voulez-vous que les droits de tous soient reconnus, que tout homme qui paie une imposition directe, équivalente à trois journées de travail, et qui sait lire et écrire, puisse émettre son vote et exercer ses droits de citoyen Français? marchez en avant, le dénombrement sera facile, et si, par le nombre des votes, deux cent quatre-vingt-dix-neuf francs quatre-vingt-dix-neuf centimes constituent la matière ; si trois cents francs con-stituent l'intelligence, les Français seront distin-gués en matière et en intelligence !

Que le Roi des Français dissolve la Chambre, qu'il en convoque une autre suivant la loi : on a offert à Charles X cinquante mille hommes, et Philippe Ier en trouvera cinq millions qui s'agglomèreront pour le défendre et défendre |ses droits et la patrie.

Je termine par mes questions : Qu'a fait le peuple?..... Tout. Que veut-on faire pour le peuple ?..... Rien. Qu'ont fait les Chambres?.... Rien. Que veulent-elles pour elles ?.... Tout en-vahir. Il faut qu'elles se retirent devant l'opi-

nion des départements, et, pour preuve de l'in-
compatibilité, elles ne seront pas réélues..

NOTA. Où sont les faillites les plus désastreuses et les
plus nombreuses ? peut-on nier que ce ne soit dans les
grandes fortunes ? une sur mille boutiquiers, deux sur
cent banquiers, et l'on dit que ces boutiquiers, qui sont
à peine habiles à faire leurs propres affaires, ne sont
pas compétents pour diriger celles du gouvernement :
il nous semble que les hommes qui savent pendant vingt,
trente ans maintenir leur petite fortune et élever leur
famille, sont plus habiles que ceux qui, avec de grands
capitaux, arrivent à faire de grandes faillites.

Figaro a dit qu'il lui avait fallu plus d'habileté pour
vivre et se soustraire à la misère pendant vingt ans que
pour gouverner toutes les Espagnes : c'est une vérité
incontestable.

———

P. S. Notre nouveau et jeune ministre de l'intérieur
a repoussé bien loin, oui bien loin, l'idée de priver de
ses *droits politiques* le Garde National qui s'obstinerait
à ne pas remplir ses fonctions à tour de rôle ; il a qua-
lifié presque de *barbare* cette disposition trop républicaine, c'est-à-dire *trop populaire*, consacrée par les
constitutions de 91 et 95. Voilà ce qui s'appelle vouloir
endormir et tromper le peuple avec des mots sonores,
des éclats de voix !

Dévoilons cette manœuvre guizotiste et aristocratique :
On qualifie cette peine de *trop grave*, de *sévérité ex-
cessive dans le gouvernement républicain* : pourquoi
cette douceur ? elle cache un piége ; on ne veut accor-
der aucun droit politique aux Gardes Nationaux qui
ne paient pas une grosse contribution : voilà toute la
question. Ces droits consacrés par six années d'exercice
et de jouissance, qui ont été enlevés au peuple le 18
brumaire, ont été reconquis dans la grande semaine.

Non, Gardes Nationaux pauvres, mais braves, vous
n'aurez aucun droit politique ; on réserve ces droits
aux riches, aux intrigants : à vous, on réserve la misère,
les blessures, l'hôpital, la mort et les jambes de bois.
On vous demande de l'argent et des hommes, c'est vous
qui payez et qui vous battez ; les places sont pour les 221,
tyrans oligarchiques qui se perpétuent dans les Chambres.

Non, Gardes Nationaux, la loi ne vous privera pas
de *vos droits de citoyens !* Comment vous priver de ce
que vous n'avez pas ? Les jésuites sont encore en France !

Mais le Peuple souverain veut et accepte cette peine
si grave, trop républicaine; il sait que c'est la seule
qui puisse contraindre les riches et les intrigants à faire
le service eux-mêmes, leur intérêt les y forcera, au-
trement ils trouveront le moyen de s'y soustraire.

Le Peuple souverain sait que son honneur, son existence, sa souveraineté sont attachés aux droits politiques que l'on veut encore lui soustraire ; mais il les
reprendra bientôt. Lorsque le nord envahira le midi,
le besoin forcera les ministres à les lui rendre. Sans
le Peuple, point de sûreté ; sans droits politiques,
point d'alliance avec le pouvoir.

Point de Garde Nationale sans droits politiques, point de souveraineté du peuple sans assemblées primaires ; c'est là seulement que le Peuple est souverain; là seulement il prépare les lois auxquelles il veut se soumettre; mais il ne se soumettra pas à celles de la Garde Nationale faites dans l'esprit du guizotisme et des doctrinaires.

On invite Monsieur le Ministre de l'intérieur à être plus franc, *plus républicain*, et à ne pas vouloir nous fasciner les oreilles.

Français, comparez les discours des ministères de la guerre et des finances avec celui du ministère de l'intérieur; la guerre, les finances vous flagornent, vous encensent, rendent un éclatant témoignage à votre courage, à votre patriotisme : ils veulent des hommes, de l'argent ! L'intérieur veut vous museler, et pour y parvenir il veut rendre suspect votre patriotisme, votre amour pour l'honneur national; par ce moyen vous déconsidérer aux yeux des nations étrangères. Sa conduite avec l'Espagne a déversé la honte sur la France : le refus des droits politiques répandra le déshonneur sur la Garde Nationale.

www.ingramcontent.com/pod-product-compliance
Lightning Source LLC
Chambersburg PA
CBHW051742050726
47598CB00003B/1295